…IQUE FRANÇAISE

PRIX 2 Fr. 25

…INISTÈRE DE L'INTÉRIEUR

VILLE DE NANTES

L'ÉCOLE MUNICIPALE
DE RÉÉDUCATION PROFESSIONNELLE

POUR

les Mutilés et Réformés de la Guerre

1916-1918

NOTICE ILLUSTRÉE

NANTES
IMPRIMERIE ARMORICAINE
5, Quai Cassard, 5

1918

RÉPUBLIQUE FRANÇAISE

MINISTÈRE DE L'INTÉRIEUR

VILLE DE NANTES

L'ÉCOLE MUNICIPALE

DE RÉÉDUCATION PROFESSIONNELLE

POUR

les Mutilés et Réformés de la Guerre

1916-1918

NOTICE ILLUSTRÉE

NANTES
IMPRIMERIE ARMORICAINE
5, Quai Cassard, 5

1918

AVENUE CENTRALE DE L'ÉCOLE

UNE LEÇON D'AUTOMOBILE

AVANT-PROPOS

Des auteurs particulièrement autorisés ont déjà présenté au public des études approfondies sur la Rééducation des Mutilés: aussi n'est-il pas dans notre intention de faire de cet opuscule un nouveau Traité des méthodes rééducatives.

Nous avons voulu faire mieux connaître encore de la région de l'Ouest notre Ecole et les ressources qu'elle offre aux Mutilés.

Nous avons pensé aussi qu'il pouvait être utile de signaler aux rééducateurs les quelques expériences tentées dans notre établissement, et d'apporter cette modeste contribution au fonds commun de documentation où nous avons puisé nous-mêmes de nombreux enseignements.

Il nous était agréable enfin de pouvoir exprimer publiquement notre gratitude de leur fidèle et généreuse sympathie à tous ceux qui nous ont aidés et que nous prions d'accepter ici l'hommage de notre reconnaissance.

A la date (25 Septembre 1918) à laquelle paraît ce travail, 455 élèves ont été admis; 161 ont été placés.

PRÉFACE

*Quand plusieurs sentiers mènent au but vers lequel on se dirige, il est parfois nécessaire, en cours de route, de s'assurer que le chemin choisi est bien le meilleur. C'est pourquoi il nous a paru utile de jeter un regard en arrière et de mesurer des yeux le parcours accompli depuis son origine par l'*Ecole Municipale de Rééducation des Mutilés.

Et d'abord, vers quel résultat tendions-nous et par quels moyens nous proposions-nous de l'atteindre ?

Voici comment, le 21 Août 1916, *nous exposions nos vues au Conseil municipal* :

« *Un des plus graves devoirs que nous ait créés la guerre est* « *de rechercher dès maintenant, dans l'intérêt de la Nation,* « *comme dans celui des combattants mutilés, à organiser pour* « *la paix la judicieuse répartition des forces et des intelligences,* « *afin d'assurer au pays dans l'avenir la prospérité d'une* « *Nation victorieuse.*

« *En même temps que nous devons épargner aux hommes qui* « *ont donné leur vie l'humiliation de se sentir des non-valeurs* « *à la charge de la collectivité, nous devons avoir un souci non* « *moins grand de rendre nos blessés à la vie sociale, en les adap-* « *tant à la reprise de leurs anciennes professions ou en les for-* « *mant à l'exercice de professions nouvelles en rapport avec* « *leurs mutilations ou leurs infirmités.*

« *Tel est le but que nous nous proposons de poursuivre avec* « *l'encouragement moral et matériel de l'Etat, par la création,* « *à Nantes, d'une* Ecole de Rééducation fonctionnelle et « professionnelle pour les Mutilés et Infirmes de la guerre.

« *Une étude attentive de la question et des expériences déjà* « *tentées avec succès dans d'autres villes, et notamment à Lyon,*

« *à Bordeaux, à Montpellier, à Paris, nous a amenés à accorder* « *notre préférence à la conception de l'Ecole spéciale avec inter-* « *nat, qui offre des avantages indiscutables sur toutes les autres* « *conceptions que la nécessité de la rééducation a fait naître et* « *a mises en présence. L'Ecole pratique de rééducation fonction-* « *nelle est, en effet, une chose à part, ayant ses caractères propres,* « *et elle ne saurait être efficacement remplacée ni par un atelier* « *patronal, ni par les cours d'une Ecole professionnelle, ni par* « *une autre institution similaire.*

« *Notre* Ecole de Rééducation fonctionnelle et profession- « nelle, *institution purement municipale, sera administrée par* « *un directeur assisté d'un médecin, et sera ouverte aux militaires* « *aptes à bénéficier, par suite de blessures de guerre, de la* « *réforme n*° I.

« *Le Gouvernement n'entend reculer devant aucun sacrifice ;* « *il demande seulement aux collectivités municipales de lui* « *apporter comme contribution, et cela dans la mesure de leurs* « *moyens, une subvention qu'il les laisse libres de fixer, et des* « *locaux aménagés : il est prêt, par ailleurs, à assumer toutes* « *les charges supplémentaires.*

« *Les encouragements qui nous ont été donnés par M. le* « *conseiller d'Etat Brisac, Directeur de l'Hygiène et de l'Assis-* « *tance publiques, et par M. le docteur Bourillon, rapporteur des* « *Budgets d'écoles près la Commission interministérielle, nous* « *ont amenés à présenter un programme qui a reçu, sous réserve* « *de quelques modifications de détail, l'approbation ministérielle.*

« *Pour que nous puissions obtenir la réalisation des disposi-* « *tions matérielles prises par le Gouvernement en faveur de* « *l'Ecole de Nantes, il est nécessaire que la Municipalité fixe* « *dès maintenant sa contribution financière et qu'elle prenne,* « *outre ses engagements à cet égard, celui de fournir les locaux* « *d'apprentissage et d'internat destinés à recevoir les élèves.*

« *J'espère, Messieurs, que vous donnerez votre adhésion com-* « *plète à cette Œuvre nationale et que vous serez d'accord avec* « *nous sur les moyens et le but poursuivi en faveur des mutilés* « *de la guerre que nous voulons rendre à leur indépendance,* « *en les mettant en possession, dans la plus large mesure, de* « *leurs capacités physiques et d'une aptitude nouvelle au travail.*

« *Si la haute portée sociale de l'institution est éclatante pour*
« *tous, je crois devoir cependant insister aussi sur son intérêt*
« *au point de vue régional. L'Ecole provinciale conserve les*
« *mutilés à sa ville et à sa région, dont elle favorise aussi l'indus-*
« *trie, et l'exemple de l'invasion paralysant les départements*
« *industriels est un argument de plus en faveur de la création*
« *ici de ce nouvel organisme de décentralisation.* »

Les notes qui suivent démontreront que la création à laquelle le Conseil municipal souscrivit avec un unanime empressement a déjà rendu de grands services.

L'Ecole est en pleine prospérité et nous avons été obligés de lui donner une extension nouvelle, de créer de nouveaux ateliers. On peut même envisager la question de son transfert dans un établissement plus important et penser que cette Œuvre de guerre pourrait bien devenir une institution définitive pour la paix en rééduquant les mutilés du travail.

Nous sommes particulièrement heureux et fiers de ces brillants résultats qui font honneur à notre Ville. Nous nous plaisons à en reporter le mérite aux dévoués créateurs de l'Œuvre initiale, M. Chastand, qui en poursuit la direction avec une inlassable et intelligente activité, et à son collaborateur, M. le docteur Robin, Directeur du Bureau municipal d'Hygiène, qui lui apporte un concours dévoué. Grâce à eux, les progrès les plus considérables ont pu être rapidement réalisés.

La prospérité même de l'Œuvre nous prouve que la voie choisie est bonne. Nous n'avons qu'à continuer notre route.

Le Maire,

PAUL BELLAMY.

CHAPITRE PREMIER

Origine de l'École

Dès septembre 1914, la Municipalité de Nantes avait organisé un hôpital destiné aux blessés de guerre, dans l'immeuble de la « Fraternité », obligeamment prêté par la Mission évangélique de France, et dont le directeur devint le gestionnaire bénévole.

En 1916, l'hôpital fut uniquement destiné à recevoir des convalescents, envoyés par l'*Œuvre d'Assistance aux Convalescents*. Parmi ceux-ci figuraient plusieurs mutilés en congé illimité de convalescence et originaires des pays envahis. Ces hommes, sans nouvelles des leurs, amoindris dans leur capacité physique, attendaient la fin de la guerre en proie au découragement et à l'anxiété la plus vive. Que deviendraient-ils désormais, plus ou moins incapables d'assurer à eux-mêmes et à leur famille une existence honorable ? C'est alors que le gestionnaire de l'hôpital, ému par cette tragique situation, résolut d'initier ces braves à de nouvelles professions compatibles avec leurs mutilations.

Sous les auspices de M. Alexandre VINCENT, délégué régional de l'*Œuvre d'Assistance aux Convalescents*, il s'adressa au

Comité départemental de Secours aux Blessés militaires de la Loire-Inférieure [1], présidé par M. JAMIN, président du Conseil général, qui fit le meilleur accueil à cette initiative et offrit le crédit nécessaire pour entreprendre la rééducation des quelques mutilés de l'Hôpital municipal.

Les deux premiers élèves furent : un double amputé des jambes, qui commença son apprentissage chez un cordonnier voisin, et un mutilé de jambe, à qui l'on fit prendre le brevet de chauffeur. Les résultats ne se firent pas attendre : ces mutilés, et les quelques autres qui avaient été admis, reconnurent au travail qu'ils étaient encore des valeurs sociales et non plus seulement des déchets ; devant la certitude qu'il leur serait permis de gagner à nouveau leur pain, ils éprouvèrent un puissant réconfort moral et leur énergie renouvelée en fit d'actifs et d'habiles travailleurs.

M. CHASTAND, gestionnaire de l'Hôpital, présenta alors au *Comité de Secours aux Blessés* un rapport sur la création d'une *Ecole de Rééducation* à Nantes, centre vivant de plusieurs départements, où les élèves ne manqueraient pas d'affluer. A cette séance, MM. les Membres du Comité furent tous d'accord pour reconnaître l'opportunité d'une telle création, et ils décidèrent d'envoyer le rapporteur à Paris, auprès de M. le Ministre de l'Intérieur, pour s'assurer de son indispensable concours financier. L'envoyé du Comité rencontra le meilleur accueil auprès de M. BRISAC, Conseiller d'Etat, Directeur de l'Hygiène et de l'Assistance publiques, dont le dévouement à

---

[1] **Commission départementale de Secours aux Blessés militaires**

Avec M. le préfet TALLON, comme président d'honneur, et M. JAMIN, Président du Conseil général, comme président effectif, la Commission comprend : MM. les Sénateurs et Députés du Département ; le Général commandant la XIe Région militaire ; le Directeur du Service de Santé militaire ; le Maire de la Ville de Nantes ; de KERVENOAEL, président de la *Société de la Croix-Rouge* ; lieutenant-colonel LETOURNEUX, délégué de la *Société des Femmes de France* ; le Directeur de l'Ecole de Médecine de Nantes ; le docteur DORAIN, médecin des épidémies ; les docteurs LEDUC et DE PAULO ; MM. MARAUD, Conseiller de Préfecture ; GABORY, archiviste départemental ; VINCENT, avocat ; GONICHON, DOCEUL et LALLIÉ, secrétaire du Conseil général ; Mmes TALLON, générale GOETSCHY, BELLAMY, POISSON et DE LA VILLESBOISNET.

la cause de la rééducation est bien connu. M. BRISAC assura que le concours du Ministère de l'Intérieur ne ferait pas défaut si une collectivité départementale ou municipale acceptait la responsabilité de la gestion de la future Ecole, en même temps qu'elle mettrait à sa disposition les locaux et le matériel nécessaires.

Après avoir pris connaissance des résultats de cette visite, le *Comité de Secours aux Blessés*, décidé à apporter une aide pécuniaire à l'Œuvre projetée, mais, estimant, d'une part, que les charges seraient peut-être trop lourdes encore pour son budget surtout alimenté par la bienfaisance privée ; d'autre part, que son existence n'est que provisoire et limitée sans doute à la durée des hostilités, pensa qu'il serait préférable que la Municipalité de Nantes prît la responsabilité de cette importante organisation. M. BELLAMY, maire de Nantes, était, on le savait, tout prêt à accepter cette responsabilité, et quand le *Comité de Secours aux Blessés* lui offrit de se dessaisir de cette Œuvre pour la lui transmettre, il accepta sans hésiter cette charge nouvelle, considérée par lui comme un impérieux devoir et un acte indispensable de solidarité sociale.

M. le Maire tint à s'assurer le concours de celui qui, jusque-là, s'était consacré aux mutilés de l'Hôpital municipal, et il le pria de vouloir bien poursuivre son Œuvre sur une plus grande échelle. M. CHASTAND accepta comme un honneur cette tâche qu'il entend continuer à titre bénévole.

Il était bon cependant qu'il eût dans l'Œuvre à créer quelqu'un qui lui apportât le concours d'une compétence médicale ; il le rencontra en même temps qu'une collaboration dévouée dans la personne de M. le docteur ROBIN, directeur du Bureau municipal d'Hygiène de la Ville de Nantes.

Les pourparlers entre M. le Ministre de l'Intérieur et M. le Maire de Nantes furent menés aussi activement que possible et, dès juillet 1917, de grands locaux industriels étaient en voie de transformation pour être adaptés à leur destination nouvelle.

A l'annonce de la création de cette *Ecole de Rééducation*, de nombreuses demandes de renseignements parvinrent, émanant de mutilés de plusieurs départements. A cette époque,

ÉLÈVES EN UNIFORME

SALLE DE JEU ET DE CORRESPONDANCE

12 mutilés se rééduquaient déjà à l'Hôpital municipal de la rue Amiral-Duchaffault, tandis que les candidats attendaient l'ouverture de la nouvelle Ecole.

Dès le 1er novembre 1916, les nouveaux locaux étaient aménagés, et les 35 premiers élèves se mettaient résolument à l'ouvrage. Bien que la ruche fut loin d'être pleine, on y ressentait l'impression d'une activité bienfaisante et on emportait ce sentiment que les mutilés, légitimement fiers d'avoir accompli leur devoir patriotique, étaient heureux d'entrevoir un avenir désormais assuré :

« Nous sommes déjà loin des premiers essais tentés avec « bonheur à l'Ecole de la rue Amiral-Duchaffault, écrit le « *Populaire.* Aux mutilés que nous avions vus à la fin du « mois d'août, se sont joints d'autres grands blessés de la « guerre, qui forment maintenant une petite compagnie de « 35 hommes, vivant en commun, presque en famille.

« Au reste, leur directeur est, nous le savons, plein de solli- « citude pour ses pensionnaires, qui sont aussi ses amis ; ces « derniers l'affectionnent tous, et ils ont raison, car avec la « collaboration de M. le docteur ROBIN, il a réussi à doter « l'internat d'une organisation intelligente et bien comprise « dans ses moindres détails. »

Le 24 décembre, à 15 heures, avait lieu l'inauguration officielle de l'*Ecole municipale de Rééducation.*

« M. le Maire avait tenu à inviter à cette cérémonie, « lisons-nous dans le *Phare*, M. le général RUFFEY, Comman- « dant la 11e Région, et M. le Préfet de la Loire-Inférieure, « qui, s'intéressant à cette œuvre si féconde déjà en heureux « résultats, ont répondu à son appel.

« Parmi les personnalités présentes, nous avons remarqué : « M. le médecin-inspecteur FOURNIÉ, Directeur du Service « de Santé ; l'Intendant L'HOMME ; MM. JAMIN, président « du Conseil général ; STECK, Secrétaire général de la Préfec- « ture ; BARDET, GOUILLARD, VIEL, adjoints au Maire, et de « nombreux membres du Conseil municipal ; RONDEAU, « Secrétaire général de la Ville ; Me VINCENT, avocat, délé- « gué régional de l'*Œuvre d'Assistance aux Convalescents* ;

« MM. le capitaine SCHLESSINGER, directeur du Bureau muni-
« cipal de placement ; BROSSARD, président de l'Union Com-
« pagnonnique ; AMIEUX, industriel, etc.

« Sous l'aimable conduite du Directeur de l'Ecole, les auto-
« rités ont parcouru les diverses sections, claires, bien aérées,
« qui comprennent des ateliers de serruriers, menuisiers, hor-
« logers-penduliers, vanniers, saboticrs, galochiers, cordon-
« niers, tailleurs, et la section commerciale avec ses cours
« pour comptables, employés de commerce, sténo-dactylo-
« graphes, et où chacun a pu admirer le zèle et l'entrain avec
« lesquels travaillent les élèves.

« Puis successivement on traverse les cuisines, les réfec-
« toires, les dortoirs proprets, le salon de lecture, de corres-
« pondance et de récréation. Chaque salle reçoit la lumière
« et l'air par de larges baies, et tout l'ensemble présente les
« meilleures conditions de confort et d'hygiène.

« La visite de l'Ecole prenait fin vers 4 heures.

« Qu'il nous soit permis, ici, de remercier et féliciter des
« résultats obtenus M. BELLAMY et tous ceux qui ont apporté
« à la fondation de cette Œuvre de reconnaissance patrio-
« tique leur si utile collaboration ».

Ce jour même avait lieu, à l'Ecole, un repas en commun qui réunissait tous les élèves autour de leur Directeur, de M. le docteur ROBIN et de tous leurs professeurs.

A une allocution de leur directeur, leur rappelant que la Municipalité de Nantes et les diverses personnalités qui s'intéressent à l'*Ecole de Rééducation* n'attendent d'eux d'autre récompense qu'une application soutenue au travail et n'espèrent d'autre satisfaction que de les voir solidement armés dans la lutte pour la vie, les élèves, par l'intermédiaire de l'un d'entre eux, demandèrent que fussent assurés de leur profonde reconnaissance tous ceux qui se consacraient à eux, tous ceux aussi qui leur avaient témoigné leur sympathie, et tout particulièrement M. le Maire de Nantes.

Comité de Patronage et de Perfectionnement

Présidents d'honneur

M. le Préfet de la Loire-Inférieure ;
M. le Général en chef commandant la 11e Région.

Vice-Président d'honneur

M. le Directeur du Service de Santé.

Président

M. le Maire de Nantes.

Vice-Présidents

M. JAMIN, Président du Conseil général ;
M. CORMERAIS, Président de la Chambre de Commerce.

Membres du Comité de Patronage

M. AMIEUX, industriel ;

MM. AUBERT, BURGELIN, FARINEAU, MOITIÉ, PORTAIS, POUTY, Conseillers Municipaux ;

M. BENOIT, président de l'Union des Syndicats patronaux ;

M. BERNARD, inspecteur d'Académie ;

M. BIDEAU, secrétaire des Syndicats ouvriers d'ébénisterie ;

M. BROSSARD, président de l'Union Compagnonnique ;

M. MARIOTTE, secrétaire des Syndicats ouvriers de la métallurgie ;

M. A. VINCENT, secrétaire régional de l'*Œuvre d'Assistance aux Convalescents* ;

M. le Secrétaire de la Bourse du Travail.

CHAPITRE II

Considérations générales sur l'École de Rééducation de Nantes

Pourquoi une Ecole ? — Il n'est pas dans notre intention d'exposer ici le débat qui, pendant longtemps, fut ouvert entre les partisans de la rééducation dans l'atelier patronal et ceux de l'atelier-école. L'expérience a prouvé que ce dernier moyen, qui n'est pas le seul efficace, est du moins le meilleur.

L'éducation dans l'atelier patronal, quelle que soit la sollicitude de l'employeur, est impuissante devant l'obstacle physique offert par des infirmités très diverses et dont il ignore les raisons et le remède. Le mutilé a tôt fait, alors, de saisir l'insuffisance de la méthode, et ne récupérant guère plus physiquement que pratiquement, il perd courage et ne tarde pas à tout abandonner pour commencer une existence errante où il deviendra l'un de ces innombrables gardiens de chantiers, ou plantons, avant qu'il ne finisse, comme cela s'est vu, dans la mendicité.

Il y a bien des inconvénients inhérents à l'apprentissage des mutilés dans l'atelier patronal ; il n'existe là, dans le tra-

LE RÉFECTOIRE

UN DORTOIR

vail, ni adaptation physique, ni gradation de l'effort ; une commande vient de l'extérieur, il faut l'exécuter, quelle qu'elle soit, absolument, et dans un minimum de temps. Dans ces conditions, que deviendra le mutilé qui se verra sans cesse dépasser par ses camarades valides et qui subira l'humiliation de se voir retirer un ouvrage pour qu'il soit terminé plus rapidement par un autre camarade d'atelier ? « Les accès de découragement sont inévitables de temps à autre chez les mutilés ; rien ne vaut le contact de camarades atteints de mêmes « infirmités, ou d'infirmités plus graves, pour amener le calme « dans leur esprit : on se console aisément en voyant aussi « malheureux que soi (docteur Jeanbrau). » Les mutilés, travaillant en commun, se prêteront ainsi un constant appui et un mutuel encouragement.

D'ailleurs, quand on parle de l'apprentissage des mutilés, on songe, le plus souvent, aux amputés et aux infirmes des membres inférieurs ; mais il y a l'innombrable armée de ceux qui ont perdu tout ou partie de l'un ou de l'autre des membres supérieurs. Que fera pour eux l'atelier patronal ? Il ne pourra les utiliser qu'en qualité de manœuvres, et le mutilé deviendra ou l'automate stupide rivé à la machine ou le serviteur de l'ouvrier valide.

Or, la rééducation des mutilés doit avoir pour premier objet de rendre à l'homme son indépendance, en le mettant en possession, dans la plus large mesure, de ses capacités physiques.

En outre, cet homme réclamera l'incessante surveillance et la constante sollicitude d'un maître qui doit choisir entre ses propres intérêts et ceux du mutilé. Disons encore qu'aux directions du maître doit s'ajouter l'examen attentif du praticien dont nous définirons le rôle plus loin. Comment toutes ces conditions pourraient-elles être réalisées dans l'atelier patronal où le souci matériel des affaires prime tout autre ? Notons en passant que certaines mutilations réclameront un outillage spécial, et faisons remarquer enfin que le grand inconvénient de l'apprentissage par l'atelier patronal réside dans la dissémination des élèves qui rend impossible tout contrôle sur leur assiduité, leurs aptitudes, leur zèle, comme aussi sur l'enseignement qui leur est donné.

En résumé, sans condamner injustement la rééducation dans l'atelier patronal et sans méconnaître les services qu'elle peut rendre, nous y voyons assez d'inconvénients pour affirmer, que si elle est utile et seule utilisable dans quelques cas, l'atelier-école reste cependant seul vraiment pratique pour entreprendre, d'une façon méthodique et intensive, la rééducation des mutilés. Aussi concluons-nous avec M. le docteur BOURRILLON, dont l'autorité dans ces matières est indiscutée, que « l'atelier-école, avec internat, reste en principe le meilleur moyen au point de vue des résultats pratiques et moraux ».

Recrutement des Élèves

La classe paysanne est celle qui paie le plus lourd tribut à la guerre. Il n'est donc pas étonnant de trouver une grande quantité d'agriculteurs dans les *Ecoles de Rééducation*, même non agricoles. Ceci est un malheur. Mais il doit être inévitablement subi, dans beaucoup de cas. Chaque fois que nous le pouvons, quand nous estimons la chose équitable, raisonnable, nous cherchons à rendre à la terre les mutilés qui se présentent à nous. Mais il arrive que le principe doive céder devant l'intérêt des mutilés.

Les choses se présentent différemment suivant qu'il s'agit ou non d'un propriétaire. Le propriétaire a tout intérêt à faire valoir son bien; personne ne lui reprochera sa lenteur, son inaptitude à certains travaux. Aussi le rencontrera-t-on fort rarement dans une *Ecole de Rééducation*, si ce n'est qu'il y vienne parfois chercher un complément d'instruction destiné à lui permettre de mieux gérer son bien. Il n'en est pas de même du domestique de ferme; celui-ci se rend compte qu'il ne produit pas un rendement normal, et que, s'il trouve maintenant aisément à se placer, avec de bons salaires, il n'en sera peut-être pas de même après la guerre, ni surtout quand l'âge viendra lui faire sentir plus lourdement l'amoindrissement de ses forces aggravé par sa mutilation.

Il faut tenir un large compte de la nature de la mutilation. Si nous avons affaire à un amputé de l'avant-bras ou du bras, nous pouvons hardiment lui conseiller le retour à la terre ; mais si l'homme est un désarticulé de l'épaule ou s'il est atteint d'une paralysie du membre supérieur, il est impropre à la culture. En ce qui concerne les mutilations des membres inférieurs, il faut, pour les amputés, et il sont légion, tenir compte de la longueur du moignon que l'amputation a laissé subsister et de l'état de ce moignon lui-même, et, dans beaucoup de cas, les travaux de culture se trouvent être presque une impossibilité.

Nous ajouterons, d'ailleurs, que la plupart des anciens agriculteurs qui se présentent à nous nous disent avoir essayé vainement de reprendre le travail de la terre. Une sélection s'est donc naturellement faite parmi les cultivateurs mutilés qui demandent leur admission à l'Ecole.

Nous avons cru nécessaire d'exposer ici que le principe du retour à la terre, excellent en lui-même, ne saurait, sans préjudice, être appliqué d'une façon absolue à certaines catégories de mutilés.

Notre Ecole accueille principalement des hommes de la région de l'Ouest, ainsi qu'on peut le voir dans le tableau ci-après. Cependant, à côté d'un assez fort contingent d'originaires des régions envahies (35 élèves à ce jour), il y a un certain nombre de mutilés que les circonstances, telles le séjour dans les hôpitaux de la région, ont amené à faire choix de notre Etablissement pour leur rééducation. Des mutilés serbes (26) nous ont été adressés par le Ministère de l'Intérieur : les grands blessés de la vaillante Serbie ont été répartis dans les diverses Ecoles françaises qui concourent ainsi à préparer le relèvement de ce malheureux pays.

On verra plus loin à quelles professions appartenaient nos élèves avant les hostilités.

Recrutement des Élèves

DÉPARTEMENTS ET RÉGIONS D'ORIGINE

Département	Nombre
Nantes	44
Loire-Inférieure	88
Vendée	54
Morbihan	28
Finistère	9
Ille-et-Vilaine	6
Mayenne	3
Deux-Sèvres	7
Maine-et-Loire	10
Côtes-du-Nord	8
Sarthe	2
Nord	19
Haute-Loire	1
Pas-de-Calais	5
Seine	6
Orne	1
Ardennes	1
Aisne	2
Calvados	1
Eure-et-Loir	1
Somme	2
Seine-et-Marne	1
A reporter...	299

Département	Nombre
Report....	299
Marne	1
Meurthe-et-Moselle	5
Oran	1
Isère	1
Saône-et-Loire	1
Manche	3
Loiret	1
Pyrénées-Orientales	1
Indre-et-Loire	2
Bouches-du-Rhône	1
Puy-de-Dôme	2
Charente-Inférieure	1
Charente	1
Rhône	1
Allier	1
Seine-et-Oise	1
Vienne	1
Vosges	1
Basses-Alpes	1
Dordogne	1
SERBIE	26
RUSSIE	1
Total...	354

Conditions d'admission

Sont admis à l'Ecole les militaires réformés n° 1, bénéficiaires d'une pension ou d'une gratification, soit qu'ils perçoivent encore l'indemnité journalière afférente à leur grade, soit qu'ils touchent déjà le montant de cette pension ou de cette gratification.

L'Ecole peut, dans certains cas, être ouverte à des réformés n° 2.

Les demandes peuvent être adressées au Directeur de l'Ecole ou au Préfet du département où réside l'intéressé. L'Administration préfectorale délivrera un ordre de transport pour se rendre à l'Ecole, après production du certificat d'admission.

Régime de l'École

La durée de l'apprentissage est fixée en principe à 12 mois.

A partir du premier trimestre d'apprentissage, l'élève a droit à une allocation produite par le prélèvement de 50 % de sa main-d'œuvre sur tout travail exécuté par lui et ayant une valeur marchande.

Toutefois, la moitié seulement de cette allocation est versée à l'élève ; l'autre moitié, inscrite sur un livret d'épargne, lui est remise s'il sort de l'Ecole dans des conditions normales.

Les élèves de la section d'enseignement (commerce, comptabilité, etc.), ne produisant aucun travail ayant une valeur marchande, touchent pendant tout le cours de leurs études la *prime fixe* de 0 fr. 50.

Les Réformés n° 1, titulaires d'une pension ou d'une gratification, ou en congé illimité de convalescence, n'ont aucun versement à faire à l'Etablissement.

En vue de les encourager, les mutilés, auxquels des infirmités particulièrement graves rendent plus lente et plus pénible l'exécution du travail, reçoivent une *prime d'encouragement* leur assurant une somme quotidienne minima de 0 fr. 50.

De plus, le bénéfice de l'allocation aux familles de mobilisés est continué au mutilé pendant toute la durée de sa rééducation.

L'Ecole peut admettre 50 externes et 200 internes, auxquels elle accorde gratuitement, outre les bénéfices de l'internat, un uniforme, le linge de corps, l'entretien des chaussures et les réparations d'appareils orthopédiques quand celles-ci ne relèvent pas du centre d'appareillage.

Les élèves malades ou ceux dont les blessures de guerre nécessitent, souvent, de longs soins, peuvent se présenter à la visite quotidienne de notre infirmerie où un médecin, assisté d'un infirmier, assure le service médical.

Les élèves peuvent sortir librement de 12 h. 30 à 13 h. 30 et de 18 h. 30 à 21 h. Des permissions leur sont également accordées du samedi après-midi au lundi matin, pour lesquelles ils jouissent de réductions de 1/2 place ou de 1/4 de place si leur pension est liquidée.

L'intérêt de l'Ecole nous contraint d'appliquer des sanctions contre les faits d'indiscipline. Dans chacune de nos interventions, nous avons constaté la néfaste influence de l'alcool. Les sanctions consistent, après un avertissement, dans une privation de sortie plus ou moins longue, puis dans le renvoi de l'élève en cas de récidive.

Choix de la Profession

Quels sont les facteurs qui président à l'orientation des mutilés dans le choix d'une profession ?

Il y en a quatre principaux :

1° le désir personnel ;
2° les aptitudes ;
3° les capacités physiques ;
4° les chances d'avenir.

Bien souvent le blessé a un désir ferme, un choix bien arrêté. C'est tant mieux, s'il y a chez lui une sorte de vocation, car s'il est apte à exercer le métier qui lui plaît, il deviendra un excellent ouvrier. Mais souvent aussi le choix a été fait sans mûre réflexion : c'est ainsi que 30 % des mutilés aspirent à devenir employés de bureau. Il faut donc les convaincre de leur erreur et les pousser vers des états d'où ils ne puissent être chassés par la concurrence féminine.

Il arrive aussi que leur désir ne concorde pas avec les aptitudes nécessaires, et il y a parfois un manque de sens artistique ou d'intelligence.

Les capacités physiques sont très souvent déterminantes dans le choix de la profession. *Primum vivere !* Dès lors, il serait déraisonnable de rééduquer un homme dans un métier où sa production équivaudrait seulement à 25 ou à 50 % de la production normale, alors que, dans telle autre profession à laquelle il n'avait pas encore songé, ou qui ne lui plaît peut-être pas particulièrement, il parviendrait à un rendement de 90 ou même de 100 % de la production normale.

Les chances d'avenir doivent elles-mêmes être sérieusement étudiées. Notre pays est la patrie des petits propriétaires et des petits artisans. La machine-outil n'a pas encore tué l'atelier familial où l'ouvrier-patron vit au milieu des siens. Nous cherchons donc à former de petits artisans qui reviennent dans la maison familiale, au pays natal, où ils seront accueillis avec fierté. Aussi devons-nous connaître les besoins régionaux de la contrée où s'établira le mutilé, pour le conseiller utilement.

Il arrive que certains mutilés ont été tellement découragés par leur incapacité physique qu'ils se croient incapables de gagner à nouveau leur vie ; une visite des ateliers de l'Ecole, la vue de camarades atteints de mêmes infirmités qu'eux et travaillant cependant avec ardeur et succès, font plus que bien des discours pour leur rendre le courage et le goût à la vie.

PROFESSIONS ANTÉRIEURES

Profession	Nombre
Charrons	7
Tisserands	5
Charpentiers	5
Cultivateurs	156
Couvreur	1
Receveur de tramways	1
Maçons, plâtriers, etc.	18
Meuniers	4
Lamineur	1
Mareyeur	1
Riveurs	2
Marins de commerce	3
Scieurs de long	2
Menuisiers	8
Cordonniers	2
Camionneurs, livreurs	6
Garçons boulangers	7
Serruriers	3
Forgerons	3
Bouchers	2
Cuisinier	1
Mécanicien	1
Métallurgistes	3
Militaires	4
Chaîneur	1
Fileurs	3
Chaudronniers	4
Poseur de voies	1
Ajusteurs-tourneurs	6
Coiffeurs	3
Mineurs	3
Chauffeurs	3
Manœuvres	6
Charpentiers en fer	2
Maréchaux-ferrants	4
Conducteur de dynamos	1
Epicier	1
Valets de chambre	2
A reporter	286

Profession	Nombre
Report	286
Bourreliers	3
Garçons de café et restaurant	3
Peintres en bâtiments	5
Ouvrier papetier	1
Magasinier	1
Aviateur	1
Typographes	3
Tulliste	1
Monteur en bronze	1
Pêcheurs	2
Marinier	1
Ressorcier	1
Verriers	3
Savonnier-huilier	1
Raineur	1
Brûleur de chicorée	1
Musicien	1
Jardiniers	4
Vigneron	1
Facteur	1
Vendeurs, commis, etc.	3
Biscuitier	1
Tailleurs	2
Marin de l'Etat	1
Employés de commerce, comptables	8
Distillateur	1
Douanier	1
Tailleurs et sculpteurs de pierres	4
Etudiants	3
Terrassier	1
Tanneur	1
Préparateur en pharmacie	1
Bûcheron	1
Gardien de la paix	1
Etuveur	1
Ebéniste	1
Instituteur	1
Total	354

PROFESSIONS CHOISIES

Profession	Nombre
Comptabilité, commerce, administration	132
Sabotiers-galochiers	31
Bourreliers	8
Menuisiers	12
Peintres	25
Horlogers	16
Coiffeur	1
A reporter	225

Profession	Nombre
Report	225
Tourneurs-ajusteurs	36
Mécaniciens d'autos	18
Cordonniers	42
Vanniers	16
Tailleurs	13
Ferblantiers	4
Total	354

Professions enseignées

L'École comprend une *Section des Travaux manuels* et une *Section d'Instruction générale.*

Section des Travaux manuels. — Successivement, au fur et à mesure des demandes émanant des mutilés, nous avons créé les ateliers suivants :

1° Cordonniers ;
2° Tailleurs ;
3° Sabotiers ;
4° Menuisiers ;
5° Tourneurs ;
6° Ajusteurs-mécaniciens ;
7° Peintres et décorateurs ;
8° Horlogers ;
9° Bourreliers ;
10° Ferblantiers ;
11° Vanniers ;
12° Mécaniciens et conducteurs d'automobiles ;
13° Galochiers.

En dehors des professions ci-dessus énumérées, les mutilés ont la faculté de s'initier à d'autres métiers dont l'apprentissage leur est donné chez des patrons de la ville.

Nous évitons le plus possible d'occuper nos élèves à des travaux de scolarité pratiquement inutilisables. Il faut que ceux-ci, dès le début de leur apprentissage, aient la satisfaction de produire un travail utile ayant une valeur marchande ; ils s'intéresseront ainsi beaucoup mieux à leur tâche et pourront mieux mesurer, en même temps que leurs progrès, la distance qui les sépare encore de l'ouvrier expérimenté.

Jusqu'à ce jour, l'industrie et le commerce de la région ont alimenté de façon suffisante, par leurs commandes, nos divers ateliers. Cette collaboration nous est d'ailleurs indispensable pour mener à bien la tâche que nous avons entreprise et pour effectuer normalement la rééducation des mutilés qui, de jour en jour plus nombreux, sollicitent leur admission.

Section d'Instruction générale. — La section d'instruction générale a divisé le cycle de ses cours comme suit :

1° Instruction générale : durée, 4 mois ;

2° Perfectionnement et études commerciales : durée, 4 mois.

3° Après ce stage au cours duquel ils ont acquis des notions générales, les élèves sont appelés à choisir leur voie, en se déterminant soit pour le commerce ou la comptabilité, soit pour les carrières administratives (Chemins de fer, P. T. T., Douanes, Contributions, Commis de perception, Administrations diverses).

Tous nos élèves sont, d'autre part, initiés à la sténographie, à la dactylographie et à la langue anglaise. La durée de ce dernier cycle de spécialisation est également de 4 mois.

Un certain nombre de mutilés viennent seulement demander à l'Ecole un complément d'instruction destiné à leur permettre de diriger soit un petit commerce, soit leurs propriétés rurales ; d'autres, illettrés, ou gauchers par suite d'amputation ou de paralysie, limitent leur ambition à la lecture et l'écriture, ou à un ensemble de connaissances équivalant au certificat d'études primaires.

Pour ces diverses catégories, la durée des stages varie suivant l'intelligence et l'instruction déjà acquise par chaque sujet.

Les Chefs d'ateliers. — Pour la conduite et la direction des ateliers, nous avons tenu à nous assurer le concours de petits patrons, possédant à côté de la technique intégrale de leur profession les notions commerciales connexes : en effet, nous cherchons à faire, autant que possible, de petits artisans, susceptibles de se fixer après leur rééducation dans leur pays d'origine ; la majorité des mutilés appartenant aux classes paysannes, il est d'un intérêt bien compris de ne pas encourager davantage l'exode vers les agglomérations ouvrières.

Placement

Jusqu'à ce jour, nous n'avons éprouvé aucune difficulté dans le placement de nos élèves qui a été grandement facilité par la pénurie d'employés et d'ouvriers. Nous dirons même que les mutilés trouvent parfois trop facilement à se placer, ce qui peut les amener à se croire suffisamment préparés aux postes que la nécessité amène certains employeurs à leur confier. Nous avons donc à lutter parfois chez eux contre le désir prématuré de trouver un emploi, et à les convaincre qu'en présence de l'occasion unique qui s'offre pour eux d'acquérir une instruction sérieuse, ils doivent faire à l'Ecole un stage complet ; dans ce cas seulement, d'ailleurs, il leur est délivré un diplôme de capacité.

Aucun de nos élèves n'a été placé au rabais; ils touchent tous des salaires normaux, et jusqu'ici les employeurs ont témoigné de leur satisfaction à leur égard.

Parmi les demandes qui nous sont adressées, après avoir écarté celles qui spéculent sur la pension du mutilé pour offrir des salaires insuffisants, nous choisissons, pour les proposer à nos élèves, celles qui présentent, avec les meilleures conditions, le plus de chances d'avenir.

En partie, nos élèves se fixent chez eux comme petits patrons. Grâce à l'*Association pour l'Assistance aux Mutilés*, dont le siège social est à Paris, rue François-Ier, ils bénéficient d'un prêt consenti sans intérêt qui leur permet d'installer leur commerce ou leur petite industrie.

Résultats

Par ce qui vient d'être dit du placement des élèves, on peut voir que les résultats sont satisfaisants, surtout si l'on tient compte qu'ils ont été obtenus principalement dans la dernière période envisagée dans cet ouvrage (1er octobre 1917,

30 avril 1918). Il a fallu, en effet, plusieurs mois avant de parvenir à la mise au point de cet organisme compliqué qu'est un centre de rééducation. On comprend aisément que ce n'est pas en quelques semaines que peut être assuré le fonctionnement normal d'une douzaine d'ateliers divers comportant le choix d'un maître capable, l'acquisition d'un outillage spécial, l'achat de la matière première, l'écoulement des produits manufacturés.

Grâce à la bonne volonté de tous ceux qui coopèrent à l'Œuvre de Rééducation, l'Ecole est aujourd'hui en pleine activité ; c'est une ruche bourdonnante et joyeuse où l'on a l'impression que chacun est bien à sa place, que le but à atteindre n'est pas perdu de vue un seul instant, et que cette organisation municipale apportera une large contribution au relèvement de la Nation.

Salaires

Placements effectués du 1er Octobre 1917 au 30 Avril 1918

Tailleurs	6 à 7 fr.
Vanniers	8 à 10 fr.
Bourreliers	6 à 8 fr.
Ferblantiers	6 à 8 fr.
Horlogers	200 à 300 fr. par mois.
Sabotiers	10 à 16 fr.
Cordonniers	6 à 8 fr.
Comptabilité, Commerce, Administration	200 à 300 fr. par mois.
Mécaniciens d'autos	8 à 12 fr.
Tourneurs-ajusteurs	10 à 12 fr.
Menuisiers	8 à 10 fr.
Peintres	8 fr.

Les sommes indiquées ci-dessus représentent la rétribution obtenue par nos élèves à leur sortie de l'Ecole comme **salaire de début.**

PROFESSIONS	NOMBRE d'Elèves placé par Profession	PLACÉS à	NOMBRE par Localité
Tailleurs.	2	Nantes	2
Vanniers............	5	Nantes St-Gilles-Croix-de-Vie Abbaretz Mortagne-sur-Sèvre	2 1 1 1
Bourreliers..........	4	Nantes Nort-sur-Erdre	3 1
Ferblantier..........	1	Nantes	1
Horlogers.............	3	Nantes Riaillé Condon	1 1 1
Sabotiers.............	7	Nantes St-Gilles-Croix-de-Vie Massérac La Tessonnière Elven	2 2 1 1 1
Cordonniers	15	Nantes Vallet La Bernerie Saint-Nazaire Saint-Sébastien Chalonnes Saint-Brévin Lyon	8 1 1 1 1 1 1 1
Tourneurs-ajusteurs ..	9	Nantes Saint-Nazaire Lyon	7 1 1
Peintres.............	5	Nantes	5

PROFESSIONS	NOMBRE d'Élèves placés par Profession	PLACÉS à	NOMBRE par Localité
Mécaniciens-chauffeurs d'autos	2	Nantes	1
		Paimbœuf	1
Menuisier	1	Nantes	1
Administrations			
P. T. T.	1	Nantes	1
Chemins de fer	1	Nantes	1
Contributions indir.	1	Boulogne	1
Administr. coloniale	1	Maroc	1
Receveur-buraliste	1	Sables-d'Olonne	1
Employé de commerce	1	Nantes	1
Secrétaires de Mairie	2	Lucs-sur-Boulogne	1
		Soullans	1
Instituteur	1	Soulbrois	1
Commerce et Comptabilité			
Commerce et comptabilité	22	Nantes	19
		Orléans	1
		La Rochelle	1
		Perpignan	1
Voyag. de commerce	3	Nantes	3
Divers			
Répétiteur	1	Paris	1
Dessinateur	1	Nantes	1
Wattmann	1	Nantes	1
Magasiniers	3	Nantes	1
		Indret	2
Epicier	1	Nantes	1
Admis à l'Ecole de T. S. F.	2	Lyon	2
Admis comme capitaine au long cours	1	Nantes	1

Sur 98 élèves placés, 62 ont été mis à la disposition de l'industrie et du commerce nantais.

CHAPITRE III

Réadaptation Fonctionnelle et Professionnelle

Aptitude à la Rééducation. — La reprise du travail, le retour rapide de l'homme à la vie sociale, ont toujours dominé notre ligne de conduite, et c'est dans cette pensée que nous avons été amenés, en même temps qu'à rétrécir le champ des applications physiologiques dans la rééducation fonctionnelle, à apprécier avec éclectisme les indications objectives fournies par les mutilations et à opposer un pratique bon sens aux systématisations souvent trop exclusives de la prothèse.

Admission des Élèves. — Aptitude anatomique à la Profession. — Lorsque l'admission administrative de l'élève est prononcée, et elle ne comporte d'autres restrictions que le défaut de place dans l'atelier choisi en principe, le mutilé est examiné à son entrée à l'Ecole par le directeur et par le médecin. Cette consultation d'entrée des deux chefs de service a surtout pour but d'évaluer, d'accord avec l'élève et contradictoirement avec lui, ses apti-

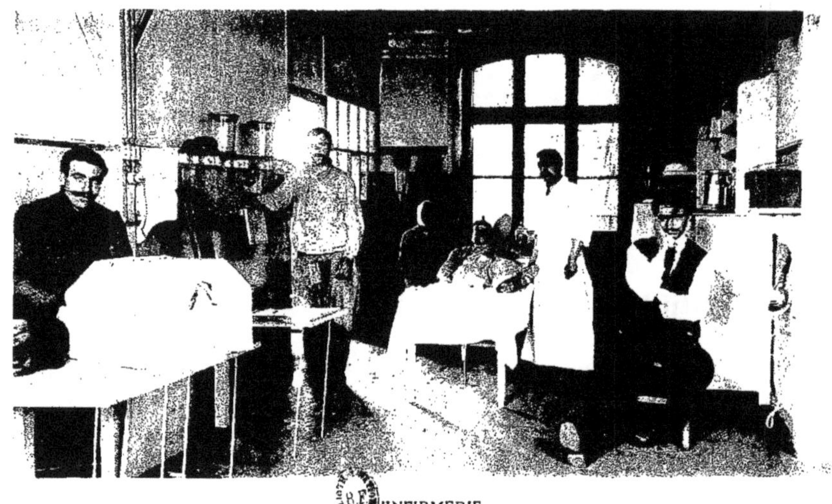

 L'INFIRMERIE

APPAREIL AUXILIAIRE POUR CORDONNIER

TABOURET AVEC PINCE FIXE
pour double amputé ou paralysé des membres inférieurs

Tableau général des Blessures

NATURE DES BLESSURES	Total	MEMBRES SUPÉRIEURS							MEMBRES INFÉRIEURS						CRANE, FACE, TRONC ET DIVERS					
		Épaule	Bras	Coude	Avant-bras	Poignet	Main	Doigts	Hanche	Cuisse	Genou	Jambe	Cou-de-pied	Pied	Trépanés avec paral.	Trépanés sans paral.	Énucléés	Crâne et face Blessures diverses	Col. vert. et Blessures médullaires	Blessures diverses
Désarticulations	8	4				1		1	1		1									
Amputations	144		18		12		4	9		68		27		6						
Résections	15	3		4					1		7									
Ankyloses	118	11		14		12	6	10	9		25		27	4						
Raccourcissements	66		6		8					25		27								
Paralysies	112	1	3		10	8	30	18	1	4	2	10	2	23						
Trépanés avec paralysie	4														4					
Trépanés sans paralysie	8															8				
Enucléations	8																8			
Crâne et face. Blessures diverses	16																	16		
Colonne vertébrale et blessures médullaires	7																		7	
Blessures diverses	16																			16
Totaux	522	19	27	18	30	21	40	38	12	97	35	64	29	33	12		8	16	7	16

tudes pour la profession à laquelle il désire s'initier et quelles ressources l'avenir lui permettra d'en tirer.

Au point de vue strictement médical, la plus grande largeur de vues préside à l'admission du mutilé. Nous ne limitons pas le bénéfice de la rééducation, comme cela a lieu parfois, aux hommes complètement guéris, et non seulement nous accueillons des externes en cours de traitement dans les hopitaux, mais encore, au titre d'internes, des mutilés proposés pour la réforme ou réformés et encore porteurs de séquelles de blessures.

Pourquoi, en effet, retarder la rééducation d'un homme dont le moignon n'est pas apte à recevoir un appareil ou chez qui la présence d'une fistule osseuse ou une cicatrisation défectueuse rendront ultérieurement une régularisation nécessaire ? Le temps de l'élève est précieux, et ce qui est acquis est gagné, quelles que puissent être les modalités futures de l'appareil ou les rectifications de la blessure. Les considérations provenant de l'état de la blessure, à moins de circonstances spéciales et exceptionnelles, entrent donc peu en ligne de compte dans nos déterminations, quant à l'admission à l'atelier.

Si nous nous arrêtions à une rigueur excessive au point de vue médical, on peut se demander combien d'élèves arriveraient à franchir la porte de l'Ecole. Il y a, en effet, peu de blessés qui soient guéris, au sens absolu du mot ; les uns présentent des troubles douloureux, d'autres des œdèmes ou des troubles trophiques, d'autres des fistulisations ; et si l'on voulait attendre la consolidation parfaite des blessures, que de mutilés risqueraient de s'abandonner au découragement de se sentir d'irréductibles infirmes.

Aptitude physiologique à la Réadaptation au Travail. — Nous avons éliminé de notre programme cette étude physiologique du blessé qu'ont entreprise certaines Ecoles. La physiologie peut fournir des données intéressantes à la réadaptation, mais il serait, à notre avis, tout à fait utopique de chercher dans la nature des échanges organiques et dans l'étude graphique des mouvements, des directions pour l'orientation de la rééducation et l'appréciation des aptitudes au travail.

L'aptitude objective dont témoigne l'élève dans l'apprentissage de la profession jugée compatible avec sa mutilation, nous en apprend autant que des recherches dont nous éprouverions sans doute quelque peine à faire passer les acquisitions du domaine du laboratoire dans celui de la pratique. Nous savons que tous les mutilés sont fatigués, que tous ont une réduction de la capacité aussi bien physique qu'organique, au travail ; presque tous éprouvent donc dans le début de la rééducation un sentiment de fatigue, que nous les engageons à ne pas chercher à vaincre par un effort et une résistance exagérés. Quand un élève est fatigué, le chef d'atelier lui donne provisoirement un travail moins pénible ou le fait se reposer ; et nous estimons qu'ainsi les mutilés perdent moins de temps qu'à se présenter chaque jour dans un laboratoire où sera fixée à leur capacité physique une valeur bien difficile à utiliser pour un dosage pratique du travail de réadaptation à l'atelier.

Aptitude morale à la Rééducation. — On a beaucoup parlé de l'état mental des mutilés et de l'importance du facteur moral dans la rééducation. Nous pensons qu'à cet égard la situation a été généralement très exagérée. Certes, nous avons plus d'une fois rencontré ce sentiment de dépression ou de découragement, cette instabilité, qu'on a observés chez les blessés de la guerre. Mais, d'une manière générale, le mutilé qui entre à l'Ecole nous est le plus souvent apparu comme un homme qui, en ayant fini avec les fatigues et les souffrances de la guerre, ayant définitivement échappé à ses dangers, estime avec philosophie qu'il existe encore de pires blessures que la sienne, que l'ère interminable des traitements hospitaliers est close et qu'il est arrivé à cette phase où, indépendant, placé dans une institution accueillante et confortable, près de maîtres bienveillants, dans une atmosphère de camaraderie où s'éveillent déjà une émulation saine et des aspirations, il se prépare un avenir très proche pour la constitution duquel il rencontrera tous les appuis.

Le moral du mutilé est donc, dans la règle, excellent, et sa bonne volonté, comme aussi sa volonté d'atteindre le but qu'il s'est proposé, sont indéniables. Les cas où nous avons eu à relever des volontés chancelantes chez ces hommes sont plutôt exceptionnels, et ils sont presque tous animés de l'esprit de travail. Tout au plus avons-nous à stimuler l'élève par des encouragements, à exciter sa confiance en lui-même, sa seule crainte étant que son rendement au travail ne soit plus tard insuffisant ou inférieur à celui de l'ouvrier normal ; tout cela, nous le faisons chaque jour dans les entretiens familiers que nous avons avec lui dans les ateliers ou dans les classes, et dans les conversations particulières qu'il nous demande souvent, dans la conviction que nous lui avons inspirée de notre sympathie et de notre sollicitude.

Soins aux Mutilés. – Service médical et de physiothérapie. — Pour toutes les raisons qui se dégagent de l'interprétation que nous donnons aux intérêts bien compris du mutilé et de la rééducation, nous avons donné au service médical un minimum de développement.

Nous nous sommes bornés à cet égard à l'aménagement d'une infirmerie et d'une salle de pansements. La première reçoit les hommes atteints d'affections légères et non contagieuses, ou ceux pour lesquels une complication provenant d'une séquelle de blessure ne nécessite pas l'hospitalisation. Si la fréquentation de l'infirmerie est exceptionnelle, celle de la salle de pansements, quoique plus importante, ne représente guère plus de 6 % de l'effectif des élèves. Suites de blessures, accidents légers survenus au cours du travail, affections médicales banales, représentent le contingent ordinaire des malades accueillis chaque matin, et auxquels s'ajoutent les hommes pour lesquels nous reconnaissons utile un traitement physiothérapique. Massages, bains de lumière, électricité, tels sont les trois moyens thérapeutiques auxquels se bornent d'ailleurs nos interventions. Ici encore, nous avons facilement sacrifié toutes les méthodes nécessitant dans leur application des installations dispendieuses et un personnel important. Un infirmier donne, sous la direction du médecin,

Impotences déterminantes

	Total	Épaule	Bras	Coude	Avant bras	Poignet	Main	Doigts	Hanche	Cuisse	Genou	Jambe	Cou-de-pied	Pied	Trépanés		Énucléés	Crâne et face Blessures diverses	Col. Vertébrale et Bless. médullaires	Divers
															avec paral.	sans paral.				
Désarticulations	7	4				1			1		1									
Amputations	131		18		12		3	4		64		24		6						
Ankyloses	83	12		9		7	5	3	7		20		17	3						
Raccourcissements	36		1		3					18		14								
Paralysies	58		2		1	3	22	5		1	1	6		17						
Trépanés avec paralysie	4														4					
Trépanés sans paralysie	8															8				
Enucléations	4																4			
Crâne et face. Blessures diverses	5																	5		
Colonne vertébrale et blessures médullaires	7																		7	
Blessures diverses	11																			11
TOTAUX	354	16	21	9	16	11	30	12	8	83	22	44	17	26	12		4	5	7	11

les soins utiles, fait les massages, prépare les médicaments et veille au bon entretien et à l'hygiène de l'infirmerie et de la salle de pansements.

Peut-être s'étonnera-t-on que nous n'ayons pas donné un plus grand développement à ce département de l'Ecole, et que dans l'intérêt des hommes nous n'ayons pas fait plus largement appel aux ressources de la physio ou de la kinésithérapie. Il convient, cependant, de se représenter que chez les mutilés qui arrivent dans les Ecoles de rééducation, les résultats sont, en général, au point de vue thérapeuthique, définitivement acquis, et que dans les formations sanitaires spéciales dont ils ont ordinairement parcouru tout le cycle, ils ont déjà demandé aux méthodes physiothérapiques tout ce qu'elles peuvent donner. D'ailleurs, les élèves pratiquent à l'Ecole la plus rationnelle des mécanothérapies, celle du travail manuel. Le mutilé qui entre chez nous veut en avoir fini avec l'hôpital, comme avec tout ce qui pourrait, même de loin, lui en rappeler le souvenir ; et volontiers dirions-nous, que même dans les cas indispensables, il faut user d'autant de persuasion bienveillante et de tact pour convaincre un mutilé de ce qu'exige encore l'intérêt de sa santé, que pour concilier dans le choix d'une profession nouvelle, son intérêt et le sentiment qu'il a de ses forces.

Appareillage prothétique. — A quelques exceptions près, les mutilés qui entrent à l'Ecole sont appareillés par le Centre de la 11e Région, fixé à Rennes.

On peut être surpris que le Centre d'Appareillage, dont la constitution est postérieure à celle de l'Ecole, n'ait pas été formé près de celle-ci, dans notre ville même. Son éloignement oblige en effet les élèves à des déplacements, soit pour l'appareillage, soit pour les réparations ; il a nécessité, d'autre part, la création d'une école préparatoire, annexée au Centre, et destinée à permettre aux mutilés de commencer immédiatement leur rééducation. Il y a, dans cette disjonction de deux organismes dans un état de dépendance étroite, une erreur dont l'enseignement reçoit en pratique une répercussion, par les retards, les pertes de temps, les fausses manœuvres qu'elle

AMPUTÉ A L'ÉCHELLE
muni du pilon à griffe

MAIN D'AJUSTEUR : Travail au bédane

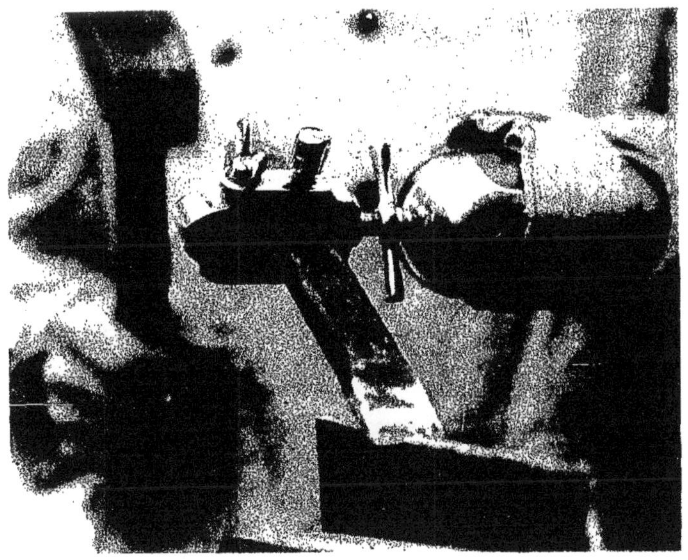

MAIN D'AJUSTEUR : Travail au burin

entraîne. Seules nos relations excellentes avec le Centre d'appareillage et la coordination bien entendue des efforts de tous arrivent à atténuer les effets de cette situation.

De Rennes, les élèves nous reviennent ayant reçu l'appareil type et le membre de parade. Mais il est presque de règle que, dès leur rentrée à l'Ecole, les amputés renoncent soit à la main de parade, articulée ou non, qui ne leur est d'aucune utilité, soit à la jambe artificielle, appareil délicat qui convient moins que le pilon à un travail d'atelier exigeant le plus souvent une base de sustentation solide.

On serait donc fondé à dire qu'ainsi équipés, les mutilés n'ont en général reçu au Centre que le squelette de leur appareillage. C'est le moment où il nous faut intervenir pour greffer sur l'ossature prothétique les appareils ou les mécanismes qui permettront à l'élève non seulement de suppléer à une fonction absente et de soulager un membre valide auquel un effort double sera demandé, mais encore d'atteindre tel ou tel but particulier lié à la nature de la profession.

A côté de l'appareil type, toujours identique à lui-même, il faut presque toujours l'appareil spécialisé, soit qu'il représente un organe aussi complètement adapté que possible aux besoins variés du travailleur considéré, soit qu'il intervienne plus simplement comme l'auxiliaire d'une volonté qui, ne pouvant plus se transmettre, ne saurait prêter au membre valide un concours utile.

C'est à cette recherche des appareils spéciaux, mains de travail ou appareils auxiliaires professionnels, que s'est principalement attaché le Directeur de l'Ecole, à l'initiative de qui nos mutilés sont redevables d'un certain nombre d'appareils.

1° APPAREILS AUXILIAIRES :

A. - **Genou-Support de Cordonnier.** — Le métier de cordonnier exigeant l'intégrité de la main, la plupart des élèves de l'atelier de cordonnerie sont soit amputés, soit atteints d'impotences du membre inférieur.

Or, le procédé de travail du cordonnier nécessite le serrage et le bloquage de la forme maintenue dans l'étrivière, par un mouvement d'opposition forcée des deux cuisses et des genoux. On conçoit dès lors que si l'un des membres est amputé, les muscles adducteurs agissent sur un levier trop court, et impuissant, tant par sa brièveté que par l'obliquité des fémurs, à s'opposer à son homologue pour réaliser une préhension. Que l'on soit en présence d'une ankylose du genou, l'ouvrier rencontre une difficulté de même ordre : l'attitude rectiligne du membre rend ici encore impossible l'opposition des deux genoux ; ceux-ci se trouvent en effet à des niveaux différents, dans la position assise, ou l'un des membres est en flexion, tandis que l'autre reste en extension.

L'appareil auxiliaire nous permet de donner au mutilé la faculté de remplacer le membre absent et de trouver à la fois une butée de serrage et un point d'appui solide pour son travail.

Cet appareil se compose de deux pièces perpendiculaires l'une à l'autre : une tige métallique verticale avec tirage à hauteur variable, fixée au sol et supportant une pièce de bois horizontale. Celle-ci, qui représente l'âme de l'appareil, figure la portion de cuisse absente. Elle offre deux parties d'aspect différent : dans son quart antérieur, elle forme une large surface représentant le genou, avec un méplat supérieur et deux bosses latérales dessinant les masses condyliennes. L'ensemble est recouvert d'une partie matelassée, tenant lieu de la masse musculaire absente. Dans ses trois quarts postérieurs, elle affecte une forme cylindrique et présente un évidement inférieur en biseau qui vient, soit coiffer le moignon dans sa concavité, soit se mettre de niveau avec la racine d'un membre immobilisé par l'enraidissement articulaire.

B. - **Établi pour Vannier.** — Le vannier travaille en général sur un établi dont les dimensions sont environ de 1 mètre sur 60 centimètres, et élevé de quelques centimètres seulement au-dessus du sol.

Pour la confection de certains ouvrages, l'ouvrier place son travail sous ses cuisses et le maintient serré entre les jambes.

Il est impossible à un double amputé, ou à un infirme

des membres inférieurs, de s'asseoir ou de se lever sans de très grandes difficultés, et il lui est également interdit de travailler dans les mêmes conditions que l'ouvrier normal, c'est-à-dire en faisant usage de ses jambes pour fixer son travail.

C'est pourquoi nous avons été amené à faire un établi spécial élevé de 50 centimètres, devant lequel le mutilé peut s'asseoir sur une chaise. A une extrémité de l'établi et face à l'ouvrier, se trouve un étau longitudinal incliné à 45°, composé de deux planches entre lesquelles, grâce à deux écrous, l'ouvrage est solidement maintenu à la portée du vannier.

C. - **Pince pour Bourrelier.** — Pour effectuer des travaux de couture, le bourrelier fait usage d'une pince en bois, dont il place le mors inférieur sur la cuisse gauche, tandis que la cuisse droite, appuyant sur le mors supérieur, maintient par son poids et sa pression, la pince qui supporte l'ouvrage, solidement fermée.

Un double amputé ou infirme des membres inférieurs est donc incapable de fournir un effort suffisant pour tenir la pince dans la position convenable et pour opérer sur les mors la pression destinée à leur faire retenir le travail.

Nous avons construit une pince dont une crémaillère à ressort permet le serrage automatique et instantané. Cette pince, qui se rapproche d'ailleurs de certains modèles en usage dans diverses Ecoles, est elle-même fixée à un tabouret dans la position propre au travail de couture. Le concours des membres inférieurs devient donc superflu.

D. - **Pilon à Griffe.** — Une des premières difficultés qui ait attiré l'attention est l'impossibilité où sont les amputés du membre inférieur de monter à l'échelle avec le pilon, qui demeure la jambe de travail robuste et pratique par excellence.

Un modèle de griffe, simple, portatif et amovible, a été imaginé pour les amputés susceptibles de travailler en hauteur (peintres, serruriers, agriculteurs, etc.).

Le pilon ordinaire n'est nullement modifié. Il reçoit simplement à sa partie inférieure l'addition d'une bague métallique, dans laquelle est pratiquée une fenêtre qui reçoit une tige équarrie, se terminant à son extrémité antérieure par une griffe à deux branches recourbées.

La griffe peut être mise dans la poche ou dans le sac à outils, et l'ouvrier peut, en une seconde, la fixer au pilon au moment du travail, soit que la tige se bloque automatiquement dans une coulisse à ressort (modèle de ville), soit qu'elle se consigne par le moyen d'une clavette (modèle rural).

E. - **Support radial.** — Un appareil spécialement utilisé dans les paralysies radiales, consiste en une tige terminée au niveau de la paume de la main par un large bouton d'aluminium en forme d'olive, aplati et incurvé pour épouser la concavité palmaire.

Par son extrémité opposée à celle de l'olive, cette tige est fixée à la partie antéro-inférieure de l'avant-bras dans une coulisse métallique rivetée sur un bracelet de cuir.

Cette coulisse permet de régler la longueur de la tige pour trouver le point d'appui utile et relever plus ou moins la main à mesure qu'elle récupère de l'extension.

L'intérêt de cet appareil réside notamment dans sa légèreté, sa simplicité et dans sa structure exclusivement métallique. Le contact de l'olive d'aluminium avec la paume de la main n'entraîne chez le blessé aucune de ces irritations ou de ces excoriations cutanées que l'on observe avec les appareils ou le liège ou le cuir sont employés.

2° MAINS DE TRAVAIL :

A. - **Main d'Ajusteur**. — Les amputations du membre supérieur ne sont pas une contre-indication à l'éducation de l'ajusteur. Nombre de mutilés amputés du bras ou de l'avant-bras expriment le désir de rentrer dans l'atelier de métallurgie, et à juste raison, semble-t-il, ne sont pas rebutés par les difficultés qu'une importante mutilation pourrait leur faire craindre.

Encore est-il nécessaire de donner à ces hommes une extré-

PEINTRE AMPUTÉ

muni de la main de peintre et travaillant à l'échelle

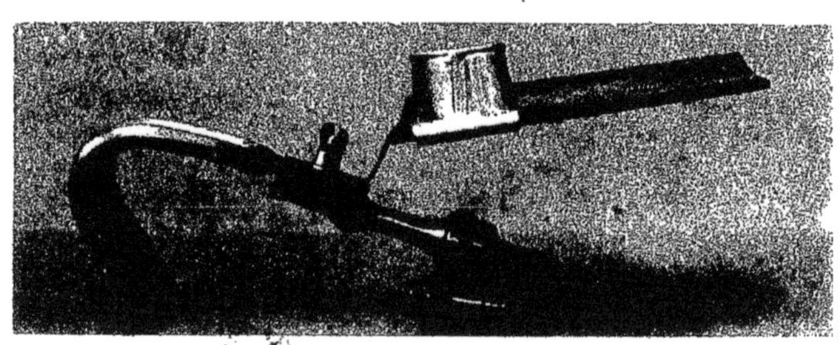

MAIN DE PEINTRE

PEINTRE AMPUTÉ
faisant usage de la pince à brûler

mité qui se fasse l'auxiliaire du membre valide, lequel à notre avis, devra toujours être le membre agissant, qu'il soit droit ou gauche. Dans le travail au marteau ou à la lime, ceux-ci seront maniés par la main valide, tandis que la préhension et l'orientation des outils de travail seront confiés au membre appareillé.

Une intéressante main d'ajusteur à triple effet apporte à l'ouvrier métallurgiste le moyen de se servir aisément du bédane, du burin et du pointeau, et d'intervertir avec rapidité l'emploi de ces outils.

Cette main, montée à rotule, est essentiellement représentée par une plaque métallique carrée d'un centimètre et demi d'épaisseur, évidée dans son centre en une croix qui reçoit à volonté le bédane ou le burin dans l'une ou l'autre de ses branches, où les maintient l'action d'une vis latérale.

La partie supérieure de l'outil est munie, d'autre part, d'une pince à deux mors, entaillée à angle, et actionnée par une vis à double effet qui permet le serrage du pointeau.

B. - **Main de Peintre.** — L'atelier de peinture est un de ceux qui accueillent le plus grand nombre d'amputés du membre supérieur.

Il était donc nécessaire de donner à ces mutilés un appareil prothétique capable de suppléer l'extrémité absente.

Une main de peintre a donc été créée qui permet à la fois à l'ouvrier de se fixer à une échelle en toute sécurité, et de tenir à portée ou à la disposition de la main agissante les divers outils dont elle peut avoir besoin.

C'est ainsi que la main de peintre se compose d'un crochet à deux branches écartées environ de 5 centimètres, et à large concavité, se fixant par une vis à cran d'arrêt sur la cupule terminale de l'avant-bras prothétique.

A la partie supérieure de ce crochet, un écrou à oreille vient fixer la palette ou le godet.

L'ouvrier rencontre ainsi dans l'aide de cette main, en même temps qu'un élément de stabilisation et de préhension (il peut en effet enlever un seau avec le crochet), un serviteur permanent de la main saine et active.

Cet appareil se complète d'une pince qui, comme le crochet, se fixe par une vis à écrou à l'extrémité du membre prothétique. Elle permet au peintre de tenir la lampe à brûler, instrument indispensable à la préparation de presque tous les travaux.

Cette pince, pourvue de deux mors à serrage progressif, enserre l'anse de la lampe, tandis que de la main valide le peintre manie le couteau triangulaire. Articulée sur une rotule, elle est susceptible de prendre toutes les inclinaisons voulues par le travail.

Pour les blessés non amputés, chez lesquels les troubles paralytiques intéressant plusieurs territoires nerveux ont rendu l'usage de la main impossible, un appareil de structure plus forte et massive vient permettre la préhension ou la mobilisation d'objets assez lourds.

C'est ainsi que nos ouvriers peintres paralysés ont été munis d'un large crochet de tôle de la largeur de la paume de la main et dont la convexité arrive au niveau des articulations métacarpo-phalangiennes. Ce support à crochet est riveté solidement sur un bracelet de cuir fixé au poignet.

Avec cet appareil, le peintre peut porter aisément un fardeau ou un « camion », et se fixer à l'échelle, lorsque, par exemple, il exécute du bras valide des travaux de lessivage.

ÉTABLI DE VANNIER AVEC ÉTAU
pour double amputé ou paralysé des membres inférieurs

ATELIER DE PEINTURE DE VOITURES ET AUTOMOBILES

Graphique du Mouvement des Entrées et des Sorties

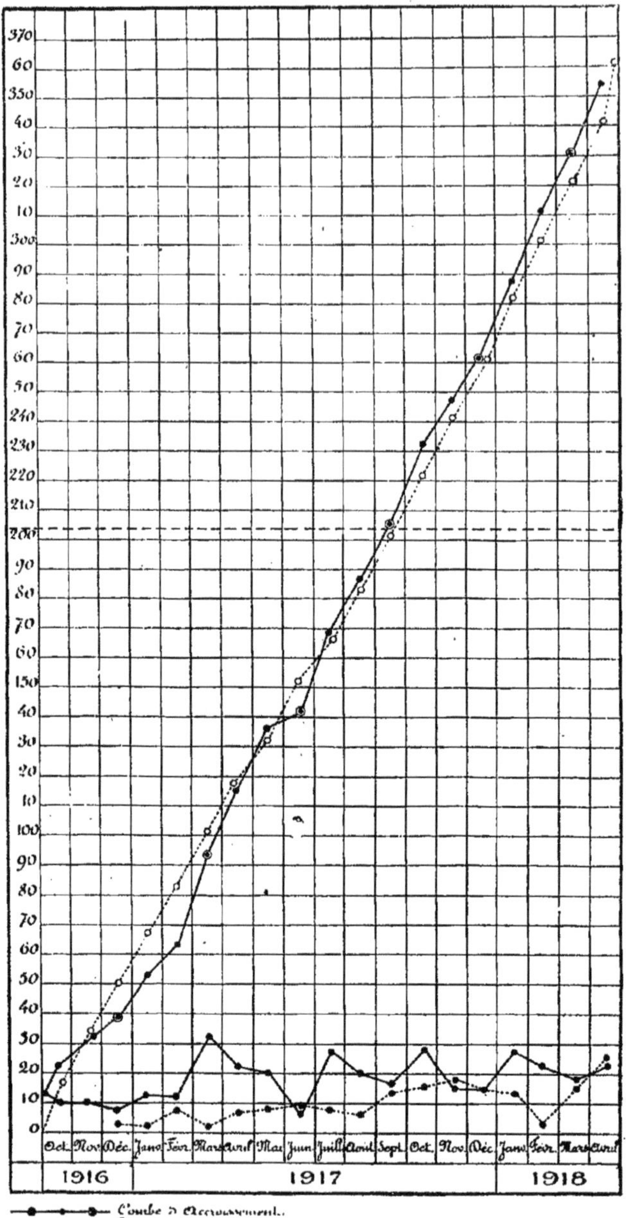

CHAPITRE IV

Notice sur les Sections de Travail

Sous la rubrique « mouvement », nous avons considéré plusieurs catégories :

1° *Les élèves présents,*

2° *Les élèves placés.*

Nous aimerions à connaître toujours les conditions auxquelles s'effectue le placement de nos élèves. Mais quand l'emploi ne leur est pas procuré directement par nous, ceux-ci évitent le plus souvent de nous indiquer le montant de leur rémunération : ils craignent, en effet, que l'on ne fasse état d'un salaire avantageux pour réduire le chiffre de leur pension. Malgré les assurances réitérées du Gouvernement, il subsiste chez beaucoup de mutilés une méfiance invincible à cet égard.

3° *Ceux qui ont abandonné.*

Dans cette catégorie il y a :

a) Les découragés, peu nombreux, d'ailleurs, qui n'ont pas eu assez de volonté pour supporter l'effort de la rééducation.

b) Ceux, infiniment plus nombreux, qui se sont laissés tenter par la possibilité de gagner immédiatement un gros salaire en s'engageant comme pointeurs, gardiens, dans les industries de guerre. La fin des hostilités les trouvera désarmés dans la lutte pour la vie : sans connaissances spéciales, inaptes aux emplois de manœuvres, que deviendront en effet ces malheureux quand les chantiers les congédieront ? Le nombre en est si grand qu'il constitue l'une des causes qui font envisager au Gouvernement la prolongation du fonctionnement des *Ecoles de Rééducation* après la guerre ;

c) Ceux que des circonstances de famille ont contraint de rejoindre le foyer pour gérer leur bien, par suite du décès du père ou du départ d'un frère pour l'armée ;

d) Ceux à qui nous avons nous-mêmes conseillé de retourner à la terre. Cette catégorie se recrute surtout dans la section d'enseignement.

Pourquoi, dira-t-on, ne pas donner ce conseil au mutilé dès son entrée à l'Ecole ? Cet avis, nous le donnons toujours aux agriculteurs qui nous arrivent avec la prétention d'être comptables, mais nous ne sommes pas autorisés à refuser l'accès de l'Ecole à un mutilé qui le réclame instamment ; au bout de peu de temps, devant les difficultés du travail, il se range lui-même à notre avis ;

e) Ceux qui ont momentanément interrompu pour raisons de santé.

4° *Les élèves renvoyés.*

A part les cas fort rares où certains élèves ne veulent pas se plier à la discipline pourtant paternelle de notre Ecole, l'intempérance est la cause de presque toutes les exclusions. Cependant, le mutilé reçoit plusieurs avertissements préalables, et le temps lui est laissé de prouver son désir de se corriger.

CORDONNIERS

Date d'ouverture. 1er Octobre 1916 | Elèves inscrits au 30 Avril 1918. 42

Mouvement

Placés	15	Ont abandonné	3	Présents	20
Changé d'école	1	Renvoyés	3	Total	42

Professions Antérieures

Cultivateurs	22	Lamineur	1	Menuisiers	2
Charron	1	Mareyeur	1	Cordonnier	1
Tisserand	1	Riveur	1	Camionneurs	3
Maçons, plâtriers	6	Marin du commerce	1		
Meunier	1	Scieur de long	1	Total	42

Impotences fonctionnelles		Amputation	Ankylose	Raccourcissement membre infér.	Paralysie	Trépanés av. paral.	Trépanés sans paral.	Divers	Total
Membre supérieur : épaule			2						
Membres inférieurs	Hanche		1						
	Cuisse	17		1	1				
	Genou		1						
	Jambe	6			1				
	Cou-de-pied		3						
	Pied	1	1		2				
Crâne et face						1	2		
Blessures diverses								2	
		24	8	1	4	1	2	2	42

Recrutement

Nantes	4	Côtes-du-Nord	2	Nord	1
Loire-Inférieure	12	Manche	2	Meurthe-et-Moselle	1
Vendée	4	Maine-et-Loire	4	Vosges	1
Morbihan	4	Pas-de-Calais	1	Basses-Alpes	1
Finistère	1	Ardennes	1	SERBIE	3

Total........................ 42

C'est la profession la plus demandée après la comptabilité, à cause du grand nombre de mutilés des membres inférieurs et de la facilité d'établissement que présente cette profession. Nous avons strictement limité à 25 le nombre des présents dans cet atelier, où nous donnons l'enseignement de la réparation et de la confection des chaussures.

La plupart de nos élèves ont le désir (que plusieurs ont déjà réalisé) de s'installer dans leur pays d'origine, après un séjour de perfectionnement chez un patron de Nantes.

Le gain de ces ouvriers varie de 6 à 8 francs à leur sortie de l'Ecole et s'élève sensiblement lorsqu'ils travaillent à leur compte.

Trois élèves ont cessé leur apprentissage au bout de quelques jours pour retourner à la terre, ce dont nous avons été les premiers à les féliciter.

ATELIER DE CORDONNERIE

ATELIER DE TAILLEURS

TAILLEURS

Date d'ouverture.. 1er Octobre 1916
Elèves inscrits au 30 Avril 1918.. 13

Mouvement

Placés	2
Renvoyé	1
Présents	10
Total......	13

Professions antérieures

Cultivateurs	10
Camionneur	1
Fileur	1
Raineur	1
Total......	13

Impotences fonctionnelles		Désarticulation	Amputation	Ankylose	Paralysie	Divers	Total
Membres inférieurs	Hanche			1			
	Cuisse		5				
	Genou	1					
	Jambe		2				
	Pied				3		
Blessures diverses						1	
		1	7	1	3	1	13

Recrutement

Nantes	1
Loire-Inféreure	2
Morbihan	1
Maine-et-Loire	1
Pas-de-Calais	1
SERBIE	7
Total......	13

La formation d'un ouvrier tailleur n'est pas chose aisée, même en un an. Aussi exigeons-nous de la part des candidats une volonté bien déterminée et la manifestation rapide de leurs aptitudes. Les salaires de début varient de 6 à 7 francs.

SABOTIERS-GALOCHIERS

Date d'ouverture. 16 Novembre 1916 | Elèves inscrits au 30 Avril 1918. 31

Mouvement

Placés	8	Interruption momentanée	1
Ont abandonné	4	Présents	16
Renvoyés	2	Total	31

Professions antérieures

Cultivateurs	21	Manœuvres	2	Jardinier	1
Menuisier	1	Valet de chambre	1	Vigneron	1
Boulanger	1	Brûleur de chicorée	1	Total	31
Métallurgiste	1	Musicien	1		

Impotences fonctionnelles		Amputation	Ankylose	Raccourcissement membre infér.	Paralysie	Divers	Total
Membres supérieurs	Poignet		1				
	Main				1		
	Doigts				1		
Membres inférieurs	Hanche		1				
	Cuisse	7		1			
	Genou		5				
	Jambe	2		3			
	Cou-de-pied		4				
	Pied				1		
Colonne vertébrale et blessures médull.						2	
Blessures diverses						1	
		9	11	4	3	3	31

Recrutement

Nantes	3	Morbihan	4	Maine-et-Loire	2
Loire-Inférieure	8	Finistère	1	Nord	2
Vendée	7	Deux-Sèvres	3	SERBIE	1

Total 31

SABOTIERS

Cet atelier est très en faveur auprès de nos régionnaires mutilés. Le recrutement se fait presque uniquement parmi les cultivateurs, qui, l'apprentissage terminé, s'installent dans leur village où ils continuent la petite culture.

Les sabotiers peuvent gagner de 10 à 16 francs par jour.

2 élèves ont été renvoyés pour indiscipline ; 2 ont cessé pour retourner à l'agriculture ; 1 autre a quitté l'atelier après 8 mois, pour occuper un poste de pointeur, mais avec l'intention de s'établir dès que des circonstances de famille le lui permettront ; 1 élève a abandonné par manque de persévérance.

GALOCHIERS

Le montage de la galoche est un travail très facile ; en quelques mois, on peut former un bon ouvrier, susceptible de gagner 8 à 10 francs au minimum.

MENUISIERS

Date d'ouverture .... 6 Novembre 1916
Elèves inscrits au 30 Avril 1918 12

Mouvement

Placé 1
Rééduqué 1
Renvoyés 2
Présents 8

Total 12

Professions antérieures

Cultivateurs	7	Ressorcier	1
Maçon	1	Verrier	1
Marin de commerce	1	Savonnier	1

Total 12

Impotences fonctionnelles		Amputation	Ankylose	Raccourcissement membre infér.	Paralysie	Trépanés sans paralysie	Énucléés	Divers	Total
Membres inférieurs	Jambe	1		3	1				
	Cou-de-pied		2						
	Pied	1							
Crâne et face						1	1		
Blessures diverses								2	
		2	2	3	1	1	1	2	12

Recrutement

Nantes	2	Nord	1
Finistère	1	Maine-et-Loire	1
Côtes-du-Nord	1	SERBIE	6

Total 12

La menuiserie de bâtiment et l'ébénisterie paraissent offrir peu d'attraits aux mutilés. Cette constatation est le fait de presque toutes les *Ecoles de Rééducation*. La raison en est peut-être dans les salaires relativement modiques qui rétribuaient cette profession avant la guerre. Nos élèves parviennent à de très bons résultats.

Salaires : 8 à 10 francs.

Deux élèves ont été renvoyés pour intempérance.

TOURNEURS-AJUSTEURS

Date d'ouverture. 21 Novembre 1916 | Elèves inscrits au 30 Avril 1918. 36

Mouvement

Placés	9	Renvoyés	8
Ont abandonné	6	Présents	13

Total ... 36

Professions antérieures

Cultivateurs	8	Chaîneur	1	Chauf. de machines	1
Charron	1	Fileur	1	Manœuvres	2
Maçons	3	Chaudronniers	2	Charpentiers en fer	2
Meunier	1	Poseur de voie	1	Maréchal-ferrant	1
Boulanger	1	Ajust.-Tourneurs	4	Cond. de dynamo.	1
Serruriers	2	Coiffeur	1	Epicier	1
Métallurgiste	1	Mineur	1	Total...	36

Impotences fonctionnelles		Amputation	Ankylose	Raccourcissement membre infer.	Paralysie	Trepanés sans paralysie	Enucléés	Divers	Total
Membres supérieurs	Epaule		1						
	Avant-bras	2							
	Main	1			3				
	Doigts		1						
Membres inférieurs	Hanche		1						
	Cuisse	7		3					
	Genou		2						
	Jambe	3		2	1				
	Pied	1	1		1				
Crâne et face						1	1		
Colonne vertébrale et blessures médullaires								1	
Blessures diverses								3	
		14	6	5	5	1	1	4	36

Recrutement

Nantes	6	Maine-et-Loire	1	Orne	1
Loire-Inférieure	11	Haute-Loire	1	Nord	5
Vendée	4	Pas-de-Calais	1	SERBIE	2
Morbihan	2	Seine	1	RUSSIE	1

Total ... 36

Nantes étant un important centre industriel, la section de tour et d'ajustage sollicite tout particulièrement notre attention. Les apprentis tourneurs débutent par un stage de trois mois dans la section d'ajustage. Le placement s'effectue dans de bonnes conditions. Salaire de début : 10 à 12 francs.

8 élèves ont été renvoyés pour indiscipline, mais 5 d'entre eux, qui avaient déjà plusieurs mois d'apprentissage ont pu trouver facilement un emploi de tourneur ou d'ajusteur. 6 élèves ont abandonné : 2 par manque de persévérance et 4 contraints par les circonstances.

ATELIER DE TOURNEURS-AJUSTEURS

PEINTRES ET DÉCORATEURS

ATELIER DE PEINTURE

Date d'ouverture.... 1er Mars 1917 | Élèves inscrits au 30 Avril 1918. 25

Mouvement

Placés......................	5	Renvoyés......................	3
Ont abandonné..............	5	Présents......................	12

Total............................ 25

Professions antérieures

Cultivateurs......	6	Manœuvre........	1	Aviateur..........	1
Charpentier.......	1	Bourrelier........	1	Typographes......	2
Camionneur.......	1	Garçons de café...	2	Tulliste..........	1
Boulanger........	1	Peintres en bâtimt	3	Monteur en bronze.	1
Coiffeur..........	1	Papetier..........	1	Total......	25
Mineur...........	1	Magasinier.......	1		

Impotences fonctionnelles		Désarticulation	Amputation	Ankylose	Raccourc. memb. sup.	Raccourc. memb. inf.	Paralysie.	Trepanés sans paralysie	Total
Membres supérieurs	Epaule..................			1					
	Bras....................		2		1				
	Coude...................			1					
	Avant-bras..............		2						
	Poignet.................	1		1					
	Main....................		1	2			6		
	Doigts..................		1	1			1		
Membres inférieurs	Cuisse..................					1			
	Cou-de-pied.............			1			1		
Crâne et face........................								1	
		1	6	7	1	1	8	1	25

Recrutement

Nantes..........	2	Seine...........	3	Somme..........	1
Loire-Inférieure ..	3	Ardennes........	1	Seine-et-Marne...	1
Vendée.........	3	Aisne...........	1	Marne..........	1
Morbihan.......	3	Calvados........	1	SERBIE......	1
Nord...........	3	Eure-et-Loir......	1	Total....	25

Nous avons apporté tous nos efforts à la création d'appareils de travail qui puissent rendre possible aux mutilés d'un membre supérieur la profession de peintre et de décorateur.

Nos élèves sont initiés à la peinture en bâtiment, à la peinture décorative ou à la peinture de voitures et d'automobiles.

Les salaires de début sont de 8 francs.

Dans cette section, 3 élèves ont été renvoyés pour intempérance. Parmi les 5 qui ont cessé leur apprentissage, 3 sont retournés à la terre ; 1 a interrompu pour cause de maladie et 1 a pris un poste de pointeur.

FERBLANTIERS

Date d'ouverture.. 23 Juin 1917
Elèves inscrits au 30 Avril 1918.. 4

Mouvement

Placé.. 1
Présents.. 3
Total...... 4

Professions antérieures

Cultivateurs.. 3
Maçon.. 1
Total...... 4

Impotences fonctionnelles		Amputation	Ankylose	Raccourcissement membre sup.	Total
Membre supérieur :	Avant-bras			1	
Membres inférieurs	Cuisse	1			
	Genou		1		
	Jambe	1			
		2	1	1	4

Recrutement

Loire-Inférieure.. 2
Vendée.. 1
Nord.. 1
Total...... 4

Malgré la pénurie d'ouvriers de ce corps de métier, le nombre des candidats mutilés a été jusqu'ici insuffisant pour nous autoriser à créer une section dans l'Ecole même. Cependant, ces élèves n'échappent pas à notre contrôle, car le surveillant général de l'Ecole fait à cet atelier des visites régulières.

Les salaires de début varient de 6 à 8 francs.

BOURRELIERS

Date d'ouverture.. 25 Mars 1917
Inscrits au 30 Avril 1918.. 8

Mouvement

Placés.. 4
Renvoyé.. 1
Présents.. 3

Total...... 8

Professions antérieures

Cultivateurs.. 6
Valet de chambre.. 1
Bourrelier.. 1

Total...... 8

Impotences fonctionnelles		Amputation	Raccourcissement Memb. sup.	Raccourcissement Memb. inf.	Paralysie	Total
Membre supérieur : avant-bras			1			
Membres inférieurs	Cuisse	2		3		
	Pied	1			1	
		3	1	3	1	8

Recrutement

Loire-Inférieure	2	Isère	1
Deux-Sèvres	1	Saône-et-Loire	1
Somme	1	SERBIE	2

Total.................... 8

La profession de bourrelier permet à nos élèves de s'établir dans leur pays d'origine à peu de frais. Ces ouvriers seront d'un précieux secours pour les agriculteurs.

Les salaires de début sont de 6 à 8 francs par jour.

HORLOGERS

Date d'ouverture.. 17 Avril 1917
Elèves inscrits au 30 Avril 1918.. 16

Mouvement

Placés	3
Ont abandonné	2
Interrompu momentanément	1
Présents	10
Total	16

Professions antérieures

Cultivateurs	8	Couvreurs	3
Charron	1	Receveur de tramway	1
Tisserand	1	Maçon	1
Charpentier	1	Meuniers	2

Total........................ 16

Impotences fonctionnelles		Désarticulation	Amputation	Ankylose	Raccourc. Memb. sup.	Raccourc. Memb. inf.	Paralysie	Divers	Total
Membre supérieur :	Avant-bras				1				
Membres inférieurs	Hanche	1							
	Cuisse		3			1			
	Genou			2					
	Pied						2		
Colonne vertébrale et blessures médullaires								4	
Blessures diverses								2	
		1	3	2	1	1	2	6	16

Recrutement

Nantes	1	Mayenne	1
Loire-Inférieure	5	Côtes-du-Nord	1
Vendée	4	Puy-de-Dôme	1
Finistère	2	Dordogne	1

Total........................ 16

Le recrutement de cet atelier suffirait à démontrer que la relation entre la profession antérieurement exercée et la nouvelle est de peu d'importance. Deux élèves ont abandonné cet apprentissage, dont un pour retourner à la terre. Ceux qui ont été placés donnent toute satisfaction à leurs employeurs et ceux dont l'instruction est en cours travaillent avec succès.

Cette section attire à elle surtout les blessés du tronc, auxquels tout travail pénible est interdit.

Salaire mensuel de début : 200 à 300 francs par mois.

VANNIERS

Date d'ouverture .... 1er Mars 1917
Inscrits au 30 Avril 1918 16

Mouvement

Ont abandonné 1
Présents 10

Total 16

Professions antérieures

Cultivateurs	8	Fileur	1
Tisserand	1	Chauffeur de machines	1
Charpentier	1	Pêcheur	1
Marin du commerce	1	Marinier	1
Militaire	1	Total	16

Impotences fonctionnelles		Amputation	Ankylose	Raccourcissement membre infér.	Paralysie	Divers	Total
Membres supérieurs	Poignet				1		
	Doigts		1				
Membres inférieurs	Cuisse	7		2			
	Genou		2				
	Jambe	1					
	Cou-de-pied		1				
Blessures diverses						1	
		8	4	2	1	1	16

Recrutement

Loire-Inférieure	5	Pas-de-Calais	1
Vendée	2	Nord	1
Côtes-du-Nord	1	Oran	1
Meurthe-et-Moselle	1	SERBIE	4

Total 16

Ces ouvriers sont très demandés dans nos régions côtières et industrielles. Cette profession offre en outre l'avantage de permettre le retour au pays d'origine et la création facile de l'atelier familial.

Salaire de début : 8 à 10 francs.

Un élève a abandonné son travail au bout de quelques jours, par suite d'instabilité mentale.

MÉCANICIENS D'AUTOMOBILES

CHAUFFEURS

Date d'ouverture ... 1er Août 1917 | Elèves inscrits au 30 Avril 1918. 18

Mouvement

Placés	2	Présents	13
Ont abandonné	3	Total	18

Professions antérieures

Cultivateurs	7	Serrurier	1	Mécanicien	1
Charpentier	1	Forgeron	2	Métallurgiste	1
Camionneur	1	Boucher	1	Militaire	1
Boulanger	1	Cuisinier	1	Total	18

Impotences fonctionnelles		Amputation	Ankylose	Raccourcissement membre infér.	Paralysie	Trépanés sans paralysie	Total
Membres supérieurs	Epaule		1				
	Main				1		
Membres inférieurs	Cuisse	1		3			
	Genou		1		1		
	Jambe	3		1			
	Cou-de-pied		1				
	Pied	2			2		
Crâne et face						1	
		6	3	4	4	1	18

Recrutement

Nantes	3	Morbihan	2	Mayenne	1
Loire-Inférieure	2	Finistère	4	Côtes-du-Nord	1
Vendée	1	Ille-et-Vilaine	2	Sarthe	2

Total 18

En principe, nous ne formons pas de chauffeurs proprement dits. Nous préférons voir nos élèves s'assurer un avenir plus indépendant et offrant plus de possibilité à la vie de famille. Cette profession, d'ailleurs, sera nécessairement encombrée plus tard par les nombreux chauffeurs militaires formés pendant la guerre. Notre désir est de faire de nos élèves des mécaniciens d'automobile, et c'est seulement dans les trois derniers mois de leur séjour que nous leur faisons obtenir le brevet de chauffeur. D'ailleurs, si les circonstances les amènent à exercer la profession de chauffeur, ils trouveront plus facilement à se placer et à des conditions plus avantageuses, puisqu'ils seront capables d'assurer l'entretien et la réparation des voitures qui leur seront confiées.

Deux élèves ont interrompu leur apprentissage au bout d'une vingtaine de jours pour retourner à la terre. Un troisième, auquel les forces étaient revenues, a repris son métier d'ouvrier en pneumatiques.

Salaire de début : 8 à 12 francs.

ENSEIGNEMENT

Date d'ouverture. 1er Octobre 1916 | Inscrits au 30 Avril 1918..... 132

Mouvement

Placés..........	45	Ont abandonné.	10	Renvoyés........	2
Rééduqués.......	14	Changés d'Ecole	2	Présents........	59
Total.......................				132	

Professions antérieures

Profession	Nombre
Cultivateurs.....	50
Charrons........	4
Tisserands........	2
Maçons, plâtriers.	6
Scieur de long...	1
Menuisiers......	5
Cordonnier.......	1
Boulangers......	3
Forgeron........	1
Boucher..........	1
Militaires.........	2
Chaudronniers....	2
Ajusteurs.......	2
Coiffeur.........	1
Mineur..........	1
Chauffeur machne.	1
Manœuvre........	1
Maréchaux-ferrts.	3
Bourrelier.........	1
Garçon de café....	1
Peintres...........	2
Typographe........	1
Pêcheur.........	1
Verriers...........	2
Jardiniers.........	3
Facteur...........	1
Commis de magasin	3
Biscuitier..........	1
Tailleurs.........	2
Marin de l'Etat...	1
Employé de comm., comptables.....	8
Distillateur........	1
Douanier.........	1
Sculpteurs de pierre, carriers..	4
Sans profession...	3
Terrassier.........	1
Tourneur..........	1
Préparateur en pharmacie......	1
Bûcheron..........	1
Agent de police...	1
Etuveur...........	1
Ebéniste..........	1
Riveur...........	1
Instituteur.......	1
Total....	132

Impotences fonctionnelles		Désarticulation	Amputation	Ankylose	Raccourcissement membre infér.	Paralysie	Trépanés av. paral.	Trépanés sans paral.	Enucléés	Divers	Total
Membres supérieurs	Epaule..........	5		7							
	Bras.............		16			2					
	Coude...........			7							
	Avant-bras.......		6			1					
	Poignet.........			5		2					
	Main............		1	3		12					
	Doigts..........		3			3					
Membres inférieurs	Hanche.........			3							
	Cuisse..........		17		5						
	Genou..........			5							
	Jambe..........		4		6	1					
	Cou-de-pied......			4							
	Pied...........					5					
Crâne et face..................							3	2	3		
Blessures diverses..............										1	
		5	47	34	11	26	3	2	3	1	132

Recrutement

Nantes	21	Mayenne	1
Loire-Inférieure	36	Deux-Sèvres	3
Vendée	28	Seine-et-Oise	1
Morbihan	12	Meurthe-et-Moselle	3
Ille-et-Vilaine	3	Pas-de-Calais	1
Côtes-du-Nord	3	Nord	5
Maine-et-Loire	1	Puy-de-Dôme	1
Indre-et-Loire	2	Vienne	1
Loiret	1	Allier	1
Manche	1	Rhône	1
Seine	2	Bouches-du-Rhône	1
Charente	1	Pyrénées-Orientales	1
Charente-Inférieure	1		

Total........................ 132

Sous la rubrique « Section d'Enseignement », nous comprenons tous les cours qui ont été constitués pour des illettrés, pour des gauchers, pour la formation de comptables, d'employés de commerce, de voyageurs de commerce, d'employés d'administration, etc.

Le cycle des cours est divisé en trois parties : 4 mois d'instruction générale, 4 mois de commerce et, suivant la profession choisie, 4 mois de comptabilité, ou une certaine période consacrée à la préparation des examens ouvrant l'accès aux divers postes de l'Administration. Suivant le degré de leur instruction, les élèves font tout ou partie de ces divers cycles. Les illettrés sont pour la plupart des mutilés venus là demander à l'Ecole un minimum d'instruction qui leur permette de mieux administrer leurs biens ruraux ou de gérer leur petit commerce.

Des cours spéciaux préparent aux diverses Administrations, entre autres : chemins de fer, P. T. T., perception, etc. La sténo-dactylographie est enseignée comme connaissance accessoire ; cette profession, en effet, deviendra de plus en plus l'apanage des femmes. Les cours d'anglais sont suivis avec intérêt par la plupart des élèves.

Nous n'avons eu jusqu'ici aucune peine à placer nos élèves ; le taux actuel des salaires de début varie de 200 à 300 francs.

2 élèves ont été renvoyés pour indiscipline, 8 sont retournés à la terre après une période d'étude plus ou moins courte ; un ancien coiffeur a repris, sur nos conseils, son ancienne profession, et un réformé temporaire a été récupéré par l'autorité militaire.

HORLOGERS

VANNIERS

Personnel dirigeant et enseignant de l'École

Directeur :	MM. Emm. CHASTAND
Docteur :	E. ROBIN
Régisseur :	F. COURAUD
Surveillant Général :	M. LAUNAY

Chefs d'Ateliers

Section manuelle :

Automobile...........................	MM. MOCCAND
Bourrellerie...........................	PRAUD et FROMY
Cordonnerie...........................	DAVID et NIOLIN
Horlogerie...........................	COUFFIN et ERNAULT
Menuiserie, Ebénisterie.................	JOUBERT
Peinture, Décoration...................	J. CARRIÈRE
Sabots et Galoches....................	BRAUD
Tailleurs...........................	GITS
Tour et Ajustage.....................	CLOUET et ROJOUAN
Vannerie...........................	MARTIN

Professeurs

Section d'enseignement :

Instruction générale et Administration..	MM. GRISILLON et LEBARS
Comptabilité...........................	HOUAL et RENARD
Commerce...........................	LANCELOT
Anglais...........................	REGNIER et GRISILLON
Chemins de fer........................	NERENCK
Sténo-Dactylographie..................	Mlle ARTAUD

N.-B. — D'autres professions sont enseignées en ville en attendant la création de nouveaux ateliers.

DONATEURS

Nous avons versé à la Caisse Municipale plusieurs dons reçus de diverses personnalités ou de Sociétés. Nous sommes profondément reconnaissants de cette générosité : elle nous permet en effet d'intervenir efficacement pour aider certains de nos élèves dont la situation est plus particulièrement intéressante en leur procurant, par exemple, une partie de leur outillage à leur sortie de l'École.

TABLE DES MATIÈRES

CHAPITRE PREMIER

CHAPITRE II

CHAPITRE III

CHAPITRE IV

www.ingramcontent.com/pod-product-compliance
Ingram Content Group UK Ltd.
Pitfield, Milton Keynes, MK11 3LW, UK
UKHW020338250726
13967UKWH00005B/2005

9 782013 045254